# Poesía y Arte

# de

# Navidad

Por Sheri Barrante

Publicado originalmente en Ingles bajo el titulo Christmas Poetry & Art. Traducido al Español por el Pastor Héctor Soto.

El arte de la cubierta, *Bastones de caramelo* (2020) por Sheri Barrante, 8" x 10" medios mixtos

Diseñado por Hitchcock Creative

Publicado por:

Casa Bayou
18896 Greenwell Springs Road
Greenwell Springs, LA  70739

www.thepublishedword.com


ISBN 978-1-950398-32-4

Imprimida por demanda en los Estados Unidos, el Reino Unido y Australia
Para la distribución mundial

# *Dedicación*

El amor por la Navidad siempre ha sido un
sentimiento común para la mayoría de las personas
que he conocido. ¡Qué momento tan especial! Algunos
de los mejores recuerdos que se me han quedado a
lo largo de los años son las Navidades con amigos
y familiares. No podría imaginarme la vida sin la
Navidad y quiero dedicar este libro a todos los niños
y niños de corazón del mundo entero que aman
absolutamente la Navidad.

- Sheri -

# Contenido

Parte 1

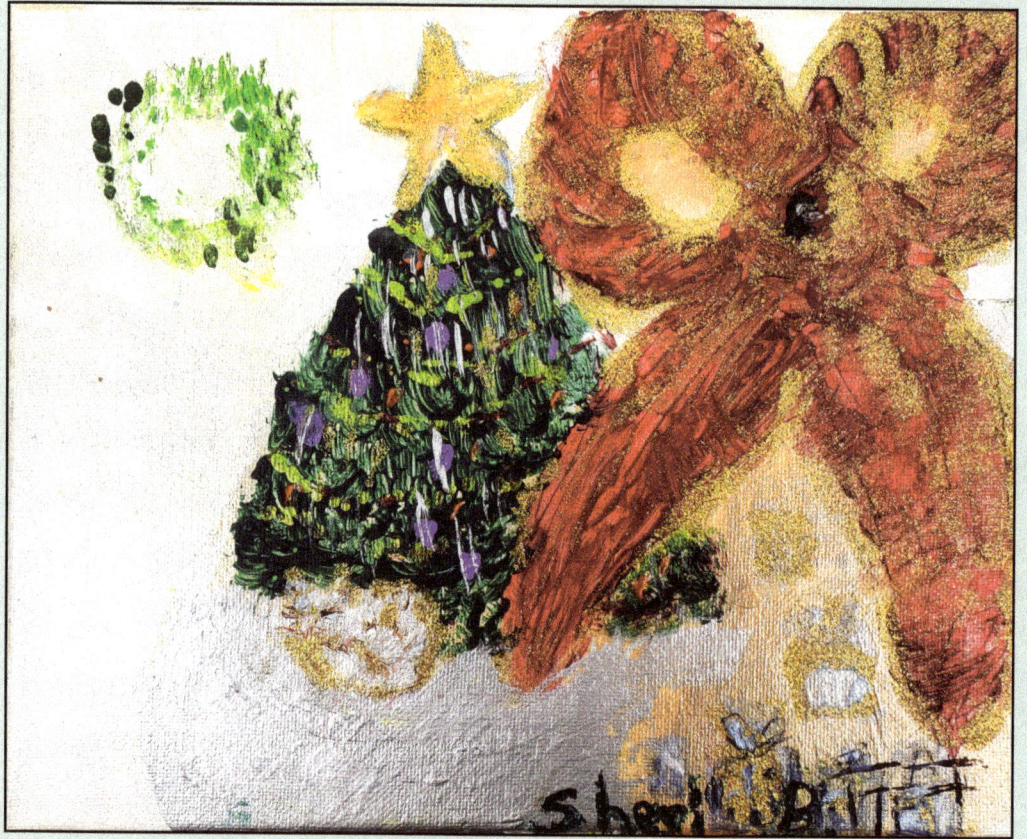

Cinta y árbol de Navidad (2020)
por Sheri Barrante
8" x 10", medios mixtos

# La Gloria de Dios en la Navidad

La Navidad es mucho más que un día más en el calendario.

Es un momento muy especial con familia y amigos que, a lo contrario, están muy ocupados y, a menudo, pasan mucho tiempo lejos unos de otros.

La Navidad es una reunión de mucho valor para mí.

¿Y por qué? ¿Será por la esperanza? ¿O por la alegría?

¿Será solo para recibir otro regalo?

Sí, la razón se encuentra en todos estos ejemplos envueltos en uno, a quien llamamos Mesías, Jesús, Rey, y Gobernante.

Y aun Él es un siervo humilde, que ama con un amor que es más grande que cualquier regalo.

Es más real que los reyes y más sabio que los más sabios, y aún, sigue siendo más humilde que los más humildes. Su amor se extiende más allá de fronteras, razas y naciones.

Sana enfermedades y dolencias, dolores y pérdidas y extiende triunfos y victorias.

Esta es la gloria de la Navidad, el Mesías, un diluvio eterno de bondad y liberación. La Navidad es, sobre todo, una promesa de amor y luz eterna para ti y para todos los que alguna vez fueron formados o lo van a ser.

Espero puedas vivir siempre bajo la nube de la gloria y el amor de la Navidad.

# Cielo Estrellado Navideño

Había un brillo en sus ojos bajo un cielo estrellado. Sin embargo, sus invitados no eran los habituales.

Habían llegado reyes del lejano Oriente. Fueron guiados por una gran estrella en el cielo. Tenían sus mapas, pero Él de arriba se aseguró de que conocieran al mejor Cartógrafo.

Sobre todo, su GPS era una estrella brillante que los guiaba de Este a Oeste hacia la gloria de su nacimiento.

Desde entonces hasta el día de hoy, ha deseado lo mejor para todos los hombres en todas partes.

Él no es gobernado por el tiempo, pero siempre es puntual, Él es impecable, un genio, y aun, debe ser adorado.

Fue toda una fiesta, el nacimiento de Uno que llegó desde el cielo, y debe celebrarse en las generaciones venideras.

Un Salvador, un Amigo que cargaría con todos nuestros pecados.

¡Jesús el Cristo era su nombre!

Sería su nacimiento el cual celebraríamos no menos que todos nuestros días de Navidad.

# Vientos Navideños

Vientos y remolinos Navideños que se precipitan para la temporada, atentos a los detalles que surgen cuando nos acercamos a esa fecha,

Aún más cerca de fin de año.

No es necesario que algo alegre en la punta de la nariz venga del Polo Norte para tener una Navidad.

Los vientos se precipitan para traernos una nieve agradable, tranquila e invernal.

# Ojos de la Navidad

Las luces muestran

Verdes, rojos, amarillos, blancos y azules.

Cercas del oropel en el cual los gatos encuentran calor.

Y debajo de la vegetación con la falda del árbol un poco de ronroneo y música sonando mientras la nieve cae rápidamente desde los cielos invernales.

Estos ojos Navideños

Con tanta sorpresa,

Todo están viendo.

Parte 2

*Ángeles de Navidad* (2020)
por Sheri Barrante
8" x 10", medios mixtos

# Ángeles Visitan la Víspera de la Navidad

Ángeles visitan y se deslizan para la Navidad,

Pues seguramente están en medio de la adoración.

Tantos que son y no hay escasez de ellos, suficientes para cada nación, tribu y pueblo.

Ángeles del canto,

Ángeles del gozo,

Ángeles de la historia,

Y ángeles de gloria,

Todos apresurados porque el nivel de amor y adoración está aumentando.

Trayendo así ángeles invitados, incluso, antes de la víspera de Navidad.

*Baterista* (2020)
por Sheri Barrante
8" x 10", medios mixtos

# Tambores, Ovejas y Heno

Había una presencia en la atmósfera, una gloria, que calmaba el alma, causando que cada criatura supiera

Descansando sobre la naturaleza de aquel Hombre quien transformaría el mundo en un girar eterno.

Con sonidos y visiones

Que nunca se alejaría,

De las noches de la historia,

Ni siquiera en esta hora o día.

El niño baterista tocaba su canción. Los animales se mantenían en silencio.

Al parecer, todo estaba quieto,

Aún más el mundo sabría

Que un Rey tenía

El centro de este

Espectáculo.

Y entre tambores,

Ovejas y heno,

Lo común se deshizo

Con lo espectacular,

A través de los actos,

Más simples y humildes de amor

Que este mundo jamás haya mostrado.

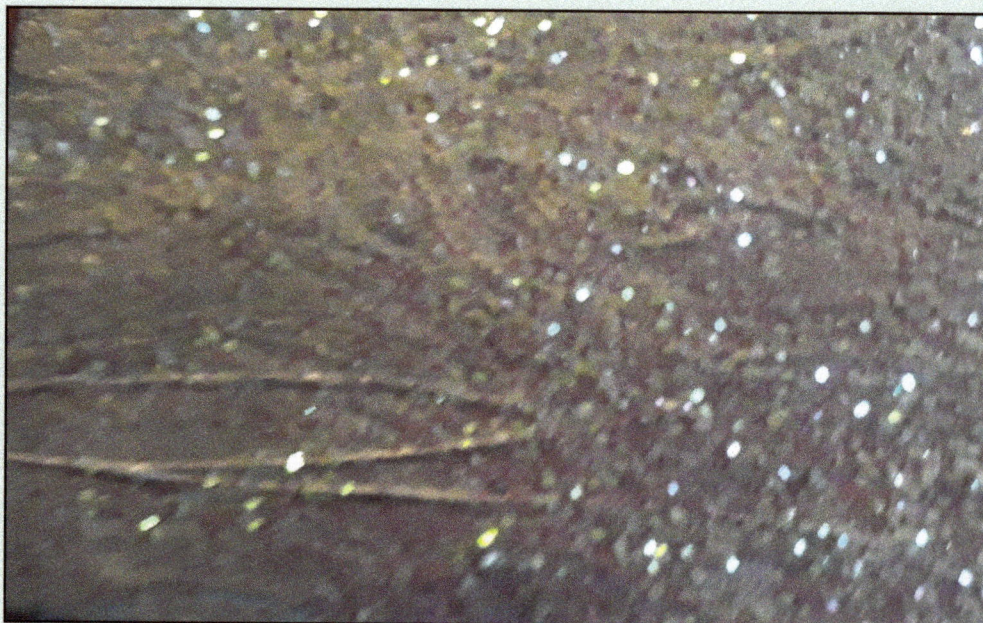

*Nieve helada* (2020)
by Sheri Barrante
8" x 10", Medios mixtos

# Campanas de Navidad

Niños corriendo

Y trineos viejos corriendo

Por el polvo de la nieve

Y chimeneas que daban a la gente calor

Iglesias con incienso prendido

Donde la tradición reinaba

Bajo el humo nublado

Y la mirra

Mientras suenan los aleluyas,

Y la nieve se arremolina afuera del marco de la puerta.

Las ventanas están vidriadas

Con patrones de hielo,

Y todo está bien.

El servicio continúa,

Entre los sonidos del más antiguo

De los himnos,

Que declaran el

Nacimiento de un Salvador

Al sonar las campanas de Navidad.

*Parte 3*

*Esquiadoras de nieve* (2020)
por Sheri Barrante
8" x 8", medios mixtos

# Raquetas de Nieve y Cielos Nevados

Raquetas de nieve y cielos nevados en un día frío

Con viajes y juegos

Una cabaña en una colina

Y un chalet,

Adentro, el chocolate caliente ciertamente está en camino.

Malvavisco derretido,

Y chaquetas deportivas

Y gorros de piel,

Guantes y estibas

Donde el ruido feliz rodea las estufas de leña

Y el calor de las chimeneas entre parientes alegres

Que contemplan toda la grandeza.

*Bastones de caramelo* (2020)
por Sheri Barrante
8" x 10", medios mixtos

# Bastones de

# Caramelos Navideños

Llegaron caramelos y tesoros Navideños en cajas de cedro con cinta roja y verde.

Las sonrisas viajaron rápidamente cuando la abuela dio una gran sonrisa.

La familia viene en camino, para visitar, incluyendo tías, tíos y primos,

Lluvias de abrazos,

Antes de que comenzaran las tradiciones principales Navideñas.

La alegría Navideña se encontró incluso entre los cachorrillos,

Chicos y chicas que caminaban a la luz de las velas y servicios,

La Navidad se sintió cada vez más y más a través

De los aromas de los árboles de hoja perenne y el aire fresco de la noche.

*Camellos de la Navidad* (2020)
por Sheri Barrante
8" x 10", medios mixtos

# Camellos de la Navidad

Adornados y cargados con esos ojos de largas pestañas,

Estarían caminando bajo brillantes cielos nocturnos.

Las arenas estarían más frescas,

Pero estos camellos estarían vestidos con las más finas prendas

De color púrpura, sedas y otras telas

Con un enfoque intenso en el seguimiento de una estrella.

Con sus preciosas cajas de oro, plata, incienso y mirra,

Eran bastante brillantes,

Brillando bajo la luz de la estrella del este.

Otras criaturas también andaban fuera,

Pero ninguna vestía tan maravillosamente como estas

Y montada por hombres sabios que algunos consideraban reyes.

*Barcos de vela Navideños* (2020)
by Sheri Barrante
8" x 10", Medios mixtos

# *Viaje Navideño*

Un viaje Navideño en el que la familia zarpó hacia una isla
soleada,

Más allá de todo el ruido y la contaminación,

Navegando en los mares profundos, salimos de un puerto

En una playa de arena para nuestras vacaciones de invierno.

Partimos hacia millas náuticas donde el sol y el calor nos llevarían
a arenas blancas

Y a recuerdos de lo que debió haber sido

Cuando tres reyes magos atravesaron el desierto.

Estamos cargados de anticipación para nuestras tan esperadas
vacaciones,

Y los reyes para su evento: el conocer a Jesús, el Rey.

Pronto la ciudad quedó lejos detrás de nuestro barco,

Y había mucho en lo que poner nuestros ojos.

Podíamos ver millas y millas a lo largo de las olas bajas

Y ocasionalmente peces saltando.

Las gaviotas cantaban sus propias canciones,

Mientras contemplábamos la Navidad

Entre los vendavales del océano y los fervientes sonidos del mar

Mientras zarpamos hacia un puerto justo con luces Navideñas

Y otros paisajes Navideños invernales.

*Pájaros de Navidad* (2020)
by Sheri Barrante
8" x 10", Medios mixtos

# Alas de Colores Brindan

## Alegría Navideña

Pájaros con rojo, azul y un sol amarillo volaron con hermosas alas
y un canto forestal.

Una vista enfocada de un globo parcial sombreado

Por una ligera neblina blanca brillante que desciende.

Un cardenal supervisa todo desde la altura de la rama corta del
árbol.

Deben de haber cuentos para dormir entre las criaturas de Dios.

Es como si las criaturas voladoras conocieran los días festivos:
como los días

De Acción de Gracias y Navidad y nos trajeran los vientos de
brisas más frescas.

Ahora llega el momento de tres hombres fuertes

Y un camión de media tonelada y una pila de leña saludable para
la chimenea.

Las canciones y los colores alegres son rojos en el aire invernal del
lago,

Las semillas de los pájaros llegan,

Las pilas de leña,

Los días más fríos,

Todo en anticipación de la alegría Navideña.

Parte 4

*la Cruz* (2020)
by Sheri Barrante
8" x 10", Medios mixtos

# Valentía en la Navidad

Ven, alma mía.

Levántate y dilo todo,

Bailar, cantar, llorar y girar.

¡Venid, todos con alegría! Borrando los bordes de lo antiguo,

La historia de Jesús sigue ardiendo.

El amor del Padre, el Hijo, el Espíritu Santo en uno.

Oh, que el Rey Eterno proclame victorioso, a través de la risa de un niño,

El toque de una cuerda,

Una nota enviada a través de ondas en el aire,

Un baile, un salto, un giro, una sonrisa, una especie de palabra,

Un abrazo eterno en un día solitario.

Oh, mi Salvador reina con valentía Navideña.

Ven, alma mía, y dilo todo

De un Rey que vive para siempre.

# Derechos Reales

Difundir la Navidad por todo el mundo

A través de un majestuoso Bebé escondido por primera vez

En el vientre de una madre.

Luego, escondido en un pesebre.

Oh, Rey Herodes, sería demasiado tarde cuando te darías cuenta

Que había otros reyes que harían de este evento.

Un sacrificio derramado en un mundo adormecido

Y la adoración se corre por todo lugar mientras Él,

El Rey de Reyes,

Es derramado como aceite prensado

Y la adoración surge como un incienso,

La misma semejanza del Padre,

El mismo Señor soberano,

Más que una imagen,

Dios en la tierra en forma de hombre,

Pero con poder para sanar y revelar que Él era El Rey Celestial.

Él mismo, en esta tierra para traer el gobierno real de un reino

Que no es de este mundo,

Jesús el Mesías pronto sería más que un nombre familiar.

Él mismo sería compartido a través de canciones Navideñas

Y por la vida eterna que solo Él trae.

# Una Lágrima de Alegría
## en el Mundo

Risas para consolar al pobre vagabundo y calidez para las almas más frías

En los lugares y en los espacios más pobres, la invitación permanece.

Vino un Salvador; todos son bienvenidos,

De este país, todos están invitados a conocer: Jesús vino a salvarnos de los pecados.

Solo tenemos que invitarlo a entrar.

Un día sonará la trompeta y se abrirán los cielos.

En ese día, Él recordará.

Su gracia permanecerá.

Será una celebración,

Él en su vestidura real.

La Navidad es simplemente un adelanto de lo más grande que estamos a punto de conocer..

# Conclusión

La Navidad es una época festiva y divertida del año, y sin embargo, también hay algo muy serio de este día festivo. Tanto se habla de la Navidad por tantos que debería hacer que todas las personas se pregunten, "¿quién es este Jesús al que prestamos tanta atención a su cumpleaños cada año?" ¿Lo conoces? Si puede. Si aún no lo ha hecho, puede pedirle que entre en su corazón y en su vida. Pídale que perdone todos sus pecados, que lave su alma y le dé su maravilloso regalo de la salvación. Puede estar seguro de que él lo ama y quiere que lo conozca, que él es fiel y que perdonará sus pecados si se lo pide. Hoy es tu día.

Si ha dicho que sí e invitó a Jesús a entrar en su corazón, busque un lugar especial y escriba en este mismo momento la fecha de hoy, porque será un recuerdo especial para usted por el resto de su vida sobre esta tierra. Además, busque un ministro, pastor o sacerdote que pueda ayudarlo a saber cómo dar los siguientes pasos para crecer con el Cristo de la Navidad.

Déjame ser el primero en felicitarte por tu decisión. Bienvenidos a la familia de Dios.

Fecha:_____

www.ingramcontent.com/pod-product-compliance
Lightning Source LLC
Chambersburg PA
CBHW040856100426
42813CB00015B/2819